気力**ゼロ**でも満たされる

至福の

限界

ふたり

ごはん

てりやきチャンネル

KADOKAWA

おにいさん

この本を手に取ってくださったあなた。本当にありがとうございます。

『てりやきチャンネル』のおにいさんです。

初めましての方に、簡単に自己紹介させてください。僕とおねえさんは、YouTubeチャンネル『てりやきチャンネル』で、一緒に料理する日常動画を投稿している本物の夫婦です。

同棲してからふたりで料理するようになり、その様子をYouTubeにたくさんアップしてきました。ありがたいことにそれを見てくださる方がどんどん増えていて、毎日ただただ感謝しかありません。皆さんに支えられ、僕たちは2023年7月に結婚し夫婦になりました。それもこれも、『てりやきチャンネル』を応援してくださった方々のおかげです。少しでも恩返しがしたくて、僕らにとって2冊目である、この本を作りました。

今回紹介しているレシピは、僕らが普段よく作るものばかり。その中でも、簡単でおいしく、料理初心者さんでも難なくできるものだけ集めました。ふたり暮らしで料理を作り続けて編み出した、"限界"に楽うまな料理が、少しでもあなたの役に立ちますように！

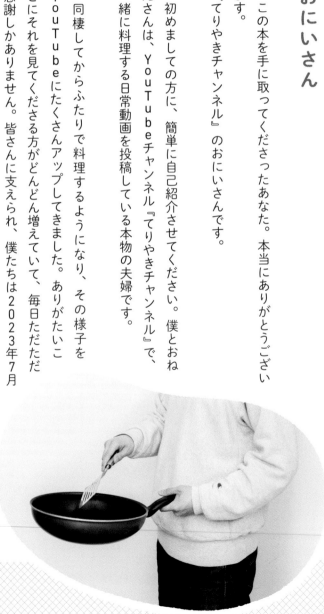

おねえさん

私たちの本を見つけてくださって、ありがとうございます。『てりやきチャンネル』のおねえさんです。

2021年に1冊目の本を出してから、チャンネルの視聴者の皆さんから「また本を出してほしい」というコメントをたくさんいただいていました。それに応えたくて、おにいさんと出版社さんと相談し、こうして形になってとてもうれしいです。

今回の本は、毎日の料理に少しでも役立てるように、前著よりレシピ数を増やしました。どこの家庭にもありそうな調味料や、スーパーで手軽に買える食材で作れるものがほとんどなので、ぜひ作ってみてくださいね。レシピはさらにおいしく食べるコツをまとめた『至福Point』をつけたので、そちらも活用くださいませ。さらに今回、"素敵なふたり暮らし"を想像できるようプロの方にご相談し、料理のスタイリングにもこだわってみました! 料理の盛りつけやお皿を選ぶ時などにも、役に立てたら幸せです。

料理って、やってみたら意外と楽しくておいしくて、毎日HAPPYを貰える家事だなと思います。この本が、あなたの人生を豊かにするきっかけになったらいいな。

『てりやきチャンネル』とは?

2020年10月に開設したYouTubeチャンネルで、僕おにいさんと私おねえさんが協力して料理を作り、食べる様子を発信しています。レシピはおいしさや簡単さを重視し、幅広く紹介。開設当時より料理のレパートリーが格段に増え、旅のvlogなどもアップ中です。

おねえさんってこんな人!
by おにいさん

▼

「ポジティブで明るい」

楽観的であまり気分が上下しないおねえさん。すぐ後ろ向きになる僕が楽しい毎日を送れているのは、彼女といるからですね。いつも感謝しています!

「新しいことに抵抗がない」

僕も新しいチャレンジをしたいタイプなので、似た者同士で気が合うなと思います。チャンネル開設に至ったのも、彼女がアリだと言ってくれたからこそ。

「器がデカい」

ちょっとしたことなら受容して、フラットにいてくれる。自分は器がそんなに大きくないので、彼女の寛大さに感心することも。ケンカせずいられるのは彼女のおかげ。

おにいさんってこんな人!
by おねえさん

▼

「根が真面目」

基本真っすぐ考えるタイプ。繊細な部分も併せ持っているので、調理も手を抜かずていねいなんですよね。計量や盛りつけでは、よく助けられています。

「しっかり考えて行動する」

物事をしっかり観察し、深く考えていくおにいさんの姿勢を尊敬しています。でも、繊細で悩みやすいところがあるんですよね。そこは、私が支えていきたい!

「意見を受け止めてくれる」

仕事の愚痴もちゃんと聞いてくれるし、マイナスなことを言われたことってないかも。価値観も似ているので、話していていつも前向きな気持ちになれるんです。

おにいさんとおねえさんの歴史

2011
4月
同じ高校に
入学

おにいさん▶3年間同じクラスになったことはなく、一度も話さず卒業。接点はほぼなかったですね。

2015
4月初め
上京・
大学入学

おねえさん▶ふたりとも1年浪人して大学へ。現役合格だったら、会えずにすれ違っていたかも……。

2015
4月半ば
知人の
紹介で
会うことに

おにいさん▶同郷・同学年の知り合いが欲しくて高校の同級生に聞きまくり再会しました。

2015
4月〜8月
一瞬付き合うも
友達に
逆戻り

おねえさん▶会う頻度が増え付き合ったものの「友達でもよかったかな?」と一旦離れたんですよね。

おねえさん▶別れてからも友人関係が続き、「付き合うかどうかはっきりしよう」となりました。

2016
秋ごろ
再び
付き合う

2017
3月
"おにいさん"
"おねえさん"
呼びが定着

おにいさん▶ふざけて僕が呼び始めたのが定着。LINEでもお互いそう呼び合うように。

おにいさん▶その後、ふたりとも就職。社会人になりましたが、ふたりの仲は変わらず。

2019
3月
大学卒業

2020
4月
同棲開始

おねえさん▶私の両親に反対されましたがおにいさんが真剣に話をしてくれ納得してもらえたんです! おにいさん▶同棲してからふたりで料理する習慣ができました。その話をおねえさんの両親に話したら興味を持ってもらえ、それがYouTubeチャンネル開設のアイデアになりました。

2020
10月
YouTube
チャンネル
開設

おにいさん▶動画をアップしてみたら、あれよあれよという間に登録者数がアップ。予想以上の反響にびっくりしました。おねえさん▶視聴者さんからたくさんコメントがついて、いつもそれを励みにしています。活動を通してふたりの仲もより強固なものになった気がする!

2023
7月
結婚
❤

おにいさん▶同棲した当初から「数年で結婚しよう」と話していたんです。なので自然な流れで結婚の話になり、七夕に婚姻届を提出しました。
おねえさん▶同棲や海外旅行を通して、「ずっと一緒にいられる」とふたりとも感じられたのが大きいです。これからは夫婦として頑張るので、応援お願いします!

Contents

この本の使い方

- 小さじ1は5㎖、大さじ1は15㎖です。
- 電子レンジの加熱時間は600Wを基準にしています。500Wの場合は1.2倍を目安に調整してください。
- 電子レンジやオーブントースター、ホットプレートは、メーカーや機種によって温まり方に差があります。様子を見ながら加熱してください。
- 液体を電子レンジで加熱した場合、取り出して混ぜる時に、場合によっては突然沸騰する可能性があります（突沸現象）。粗熱を取って電子レンジから取り出すなど注意してください。
- レシピの分量は基本2人分です。
- 火力の表記がないものは、中火で調理してください。

幸せになる ふたりごはんのルール

ふたりで料理するようになってから、お互いをより理解し、尊重できるように! いい関係を築くために、私たちはこんなことに気をつけています。

Rule ♥ 1 週に1回、ふたりでがっつり買い物する

おにいさん▶その週に食べたい料理をなんとなく考えておいて、リーズナブルな食材が揃うスーパーで一気に食材をGET。それ以外にもお値打ち品があれば購入。ふたりで買い物すると、"冷蔵庫に何があるか"をお互いが把握しやすく、料理しやすい!

Rule ♥ 2 作り置きは基本考えない方向で

おにいさん▶"食べたいものを食べたい量だけ作る"としたほうが、お互い気を使わなくて済む。もちろん、好きな料理はたっぷり作って翌日食べることも。やりくりを考えすぎず、臨機応変に献立を考えるのが、食材を無駄にしない＆モメない秘訣。

Rule ♥ 3 作る時はふたりで手分けして

おねえさん▶お互いフォローし合いながら、二人三脚で料理。そのほうが楽しいし、時間短縮にもなります。大事なのは、相手に完璧さを求めないこと。少し失敗しても、ふたりで作っていれば連帯責任。「まあ仕方ない!」と笑い飛ばしていけるんです。

Rule ♥ 4 より食べたい人がメインシェフに

おにいさん▶たとえば唐揚げを作る時。僕が食べたいと言い出したなら、僕が唐揚げを作り、おねえさんは手伝い＆副菜調理を担当。このルールがあると自分の作業が明確になり、スムーズに動けます。それに食べたい人が作ったほうがおいしい!

Rule ♥ 5 食事中は会話を大切に

おねえさん▶ふたりで作ったごはんを食べることで、「上手くできたね」「次はこれ作ろう」と、会話がより弾むように。お互いちゃんと向き合って話したいので、食事中にテレビをつけないのもお決まり。顔を見て話す時間が絆を強くしてくれる!

Rule ♥ 6 その日のうちに片付けまで終わらせる

おにいさん▶きれいな台所をキープしないと、自炊のモチベが下がるので、食べたらすぐ片付けるを徹底! ひとりが洗って、ひとりが拭いていくので、すぐ終わりますよ。片付けルールのおかげで、飲みすぎて寝てしまう……なんてことも減りました(笑)。

Part 1

おいしすぎる！
年中食べたい

殿堂入り
レシピ

『てりやきチャンネル』でも

おなじみの料理や、

私たちの特にお気に入りの逸品はこれ！

ぜひ作ってみて。

#本格派　#さっぱり　#ジューシー

和風おろしハンバーグ

材料（2人分）

豚ひき肉…300g

玉ねぎ…½個

大根…200g

大葉…適量

A ┌ 卵…1個
　│ 牛乳…大さじ2
　│ パン粉…20g
　│ 塩・こしょう
　└ 　…各少々

サラダ油…大さじ1

ポン酢…適量

手順

① 玉ねぎをみじん切りにして耐熱容器に入れ、ふんわりとラップをして電子レンジで5分加熱し、粗熱を取っておく。

② 大根はすりおろし、水気をきっておく。大葉はせん切りにする。

③ ボウルに1、豚ひき肉、Aを入れてよく混ぜる。2等分にして丸め、中央をへこませる。

④ フライパンにサラダ油を熱し、3を入れて焼く。片面に焼き色がついたらひっくり返し、水大さじ3（分量外）を加えてフタをし、弱めの中火で5分ほど蒸し焼きにする。竹串を刺して出てきた肉汁が透き通っていれば焼き上がり。

⑤ 4を器に盛り、大根おろしと大葉をのせ、ポン酢をかける。

至福Point

洋風にしたい日は、ケチャップ（大さじ4）、中濃ソース（大さじ2）、みりん（大さじ1）を耐熱容器に入れふんわりラップをかけ1分電子レンジで加熱。バター（5g）を入れて混ぜたソースで、いただいて。甘酸っぱい懐かしい味も美味。

たっぷりの
大根おろしと大葉で、
さっぱりいただける！

唐揚げ with 明太子マヨネーズソース

#ボリューミー #ごはんが進む #食べ応えあり

材料（2人分）

鶏もも肉… 2枚(600g)

A
┌ しょうゆ…大さじ2
│ 酒…大さじ2
│ 中華スープのもと…小さじ2
│ チューブ入りにんにく…小さじ1
└ チューブ入りしょうが…小さじ1

片栗粉…適量

揚げ油…適量

チューブ入り明太子…50g

マヨネーズ…大さじ3⅓

手順

① 鶏もも肉は、皮付きのままひと口大に切る。

② 1をジップ付きビニール袋に入れ、Aを加えて口を閉じ、もみ込んで30分ほど漬けておく。

③ 2に片栗粉を入れてまぶしたら、170〜180℃に熱した揚げ油で揚げる。ときどき裏返しながらきつね色になるまで揚げたら油をきる。

④ 明太子とマヨネーズを混ぜてソースを作り、3にかける。

至福Point

砂糖としょうゆ(各大さじ1½)、コチュジャン(大さじ2)、みりんとごま油とチューブ入りにんにく(各大さじ1)をフライパンに入れてさっと熱し、ヤンニョム風ソースを作ってからめても。

ザクザク唐揚げに、ピリ辛クリーミーソースがベストマッチ

おねえさん

#サクサク　#とろ〜り　#揚げ物

チーズミルフィーユ
ハムカツ

材料（2人分）

ハム(厚めのもの)
　…10枚(薄い場合は20枚用意し、2枚1組にして使用)
スライスチーズ…8枚
小麦粉…大さじ4
卵…1個
水…大さじ1½
パン粉…適量
揚げ油…適量

手順

① ハム5枚の間にスライスチーズを1枚ずつは
さみ、ハムからはみ出たチーズを包丁で切っ
て形を整える。切り落としたチーズは間に入
れる。同じものをもう1つ作る。

② 小麦粉と溶いた卵、水をよく混ぜ、**1**を崩れ
ないようにしながらしっかりとくぐらせ、パ
ン粉をつける。

③ 揚げ油を180℃に熱し、**2**を入れてきつね色
になるまで揚げる。

至福Point

ハムを豚肉(薄切り)に替え
れば、お肉がっつりなチー
ズミルフィーユカツに！
チーズと重ねる前に、豚肉
に塩・こしょう(各適量)す
るのを忘れずに。大人な味
がお好みなら、大葉(適量)
をはさんでも。

おねえさん

ごろっとミートボール＆
コクのあるソースが最高！

\# 本格派　\# 洋食　\# 満腹

ミートボールパスタ

材料（2人分）

スパゲッティ…300g
合いびき肉…250g
玉ねぎ…1個
にんにく…6片
なす…½本
塩…小さじ⅓
こしょう…少々
パン粉…20g
牛乳…60㎖
オリーブオイル…大さじ3

A
カットトマト缶
　…1缶（400g）
赤ワイン…100㎖
コンソメ顆粒
　…大さじ1
塩…小さじ⅔
ローリエ…1枚

パセリ（みじん切り）
　…適量

手順

① 玉ねぎとにんにくはみじん切りにする。なすは粗みじん切りにする。

② ボウルに合いびき肉と塩、こしょうを入れて粘り気が出るまでこねる。玉ねぎの半量と牛乳をすわせたパン粉を入れて混ぜ合わせたら、大きめのひと口大に丸める。

③ フライパンにオリーブオイルの半量を熱して2を入れ、焼き色をしっかりとつけながら全面色が変わるまで焼く。

④ 3をフライパンの隅に寄せ、空いたところに残りのオリーブオイルとにんにくを入れ、香りがしてきたら残りの玉ねぎとなすを加えて炒める。しんなりとしてきたらAを加えて全体を混ぜ合わせ、フタをして弱めの中火で15分煮込む。

⑤ フタを取って水分がなくなるまで煮詰める。表示通りにゆでたスパゲッティをからませ、器に盛りつけ、パセリをふる。

至福Point

こってり系が食べたい時は、チーズソースを作ってかけると◎。作るのは簡単。ピザ用チーズ（100g）、牛乳（100㎖）、片栗粉（小さじ2）を耐熱容器に入れて電子レンジで2〜3分加熱して混ぜるだけ♪

人気 # 激辛 # クセになる味

即席麺の辛みカルボナーラ

材料（2人分）

韓国の辛いカルボナーラ風味
　インスタント炒め麺… 3袋
玉ねぎ… 1個
にんにく… 4片
厚切りベーコン…100g
サラダ油…小さじ2

手順

① 玉ねぎとにんにくはみじん切りにする。厚切りベーコンは1cm幅に切る。

② 大きめのフライパンにサラダ油を熱し、にんにくを入れて炒める。香りがしてきたら玉ねぎと厚切りベーコンを加えて玉ねぎがしんなりとするまで炒める。

③ 韓国の辛いカルボナーラ風味インスタント炒め麺を表示通りにゆでて、しっかりと水気をきる。麺と表示の量のゆで汁、付属のかやくとタレ、2を混ぜ合わせる。

至福Point

ピリピリ辛いこのレシピ、食べながら飲むことも多いです。さっぱりとビールもいいですが、辛さを中和してくれるマッコリも◎。マッコリに少しビールを足して"ビアマッコリ"にするのも飲みやすいですよ。

おにいさん

厚切りベーコン＆にんにくをがつっと入れるのが僕ら流！

#ピリ辛　#クリーミー　#映え

明太子クリームうどん

材料（2人分）

うどん… 3 玉
チューブ入り明太子…40g
牛乳…600㎖
白だし…大さじ1½
片栗粉…大さじ2
大葉… 6 枚
イクラ…大さじ3

手順

① 鍋に明太子、牛乳、白だし、片栗粉を入れて混ぜながらひと煮立ちさせる。

② 大葉は 5 ㎜角に切る。

③ うどんを表示通りにゆでて器に盛り、 1 を注ぐ。チューブ入り明太子（分量外）を絞ってのせ、大葉とイクラを散らす。

至福Point

さっぱりした味が食べたくなる夏は、牛乳＆片栗粉の代わりに、とろろをたっぷり入れて混ぜ、冷製うどんに。とろろは市販の冷凍タイプを常備しておくと、食べたい時にさっと使えてとても便利です。

トマトのうまみが効いた酸っぱ辛い味がクセになる

#中華　#ピリ辛　#スープまでおいしい

トマトのスーラータン麺

材料（2人分）

中華蒸し麺… 3 玉
トマト… 2 個
白菜… ⅛個
えのきたけ… 1 袋（100g）
豚バラ肉（薄切り）… 150g
ごま油… 大さじ 2
もやし… ½袋
水… 800㎖
中華スープのもと
　　…小さじ 2
しょうゆ… 大さじ 3
塩・こしょう… 各少々
A ┌ 水… 大さじ1⅓
　└ 片栗粉… 小さじ 2
卵… 1 個
ラー油… 適量
酢… 適量

手順

① トマトは角切り、白菜は 2 ㎝幅のざく切りにする。えのきたけは石づきを切り落とし、長さを半分に切ってほぐす。豚バラ肉は 4 ㎝幅に切る。

② 鍋にごま油と豚バラ肉を入れて炒め、色が変わってきたら白菜とえのきたけ、もやしを入れて炒める。

③ 2 の全体に油が回ったら、トマトと水、中華スープのもとを入れてひと煮立ちさせる。アクを除いて野菜が柔らかくなるまで煮込む。しょうゆと塩、こしょうで味を調える。

④ Aを混ぜて少しずつ入れながら全体にとろみをつける。溶き卵を流し入れたら火を止める。

⑤ 中華蒸し麺を表示通りにゆでて器に盛り、4 を注ぐ。ラー油と酢を加えて食べる。

至福Point

爆食が止まらない日は、水を入れる時に、さいの目に切った絹ごし豆腐（½丁〜1丁）を足してかさまし！ ボリュームが増えてお腹がふくれます。麺が若干足りない……なんて時も重宝するテクです。

五目あんかけごはん

材料（2人分）

白菜…⅛個
にんじん…½本
玉ねぎ…½個
豚こま肉…150g
ごま油…大さじ1½

A
しょうゆ…大さじ2
酒…大さじ1
みりん…大さじ1
チューブ入りしょうが
　　…小さじ½
水…200㎖
塩・こしょう…各少々

水…大さじ1⅓
片栗粉…小さじ2
ごはん…適量
酢…適宜

手順

① 白菜は2㎝幅のざく切り、にんじんは半月切りにする。玉ねぎは1㎝幅、豚こま肉は2㎝幅に切る。

② フライパンにごま油を熱し、豚こま肉と野菜を入れて炒める。全体が少ししんなりしたらAを加え、野菜が柔らかくなるまで煮る。

③ 水で溶いた片栗粉を入れてとろみをつけ、器に盛ったごはんにのせる。好みで酢をかけて食べる。

至福Point

ごはんがない時や「何となくお米の気分じゃないんだよな〜」なんて日は、焼きそば（2〜3玉）を軽く電子レンジで加熱してからサラダ油をひいたフライパンで炒めて、あんかけ焼きそばに！

おにいさん

ごま油香る　とろ〜りあんかけで、もりもりごはんが進む

おにいさん

隠し味に粉チーズを
入れることで
ぐんとコクがアップ！

チキンカツレツ

材料（2人分）

鶏むね肉… 2枚(600g)
塩・こしょう…各少々
卵… 1個
パン粉…50g
粉チーズ…大さじ1½
小麦粉…適量
オリーブオイル…適量
中濃ソース…適量

手順

① 鶏むね肉は厚みのある部分に切り込みを入れて開き、ラップをかぶせた上から拳で叩いて全体を均等な厚さにする。塩、こしょうをふってなじませる。

② 卵はしっかりと溶きほぐす。パン粉に粉チーズを混ぜる。

③ 1に小麦粉をまぶし、溶き卵、粉チーズ入りパン粉の順につける。

④ フライパンにオリーブオイルを1cmほど入れ、170〜180℃に熱する。3を入れ、片面約3分ずつ揚げ焼きにする。食べる直前にソースをかける。

至福Point

中濃ソースだけで食べるのもおいしいですが、P16の至福Pointで紹介したチーズソースにディップして食べると満足度がさらにアップ！　余ったら、翌朝パンにはさんでチキンカツサンドにするのも◎。

超濃厚 明太子

【大食い】明太子クリームパスタを好きなだけ食べる幸せ晩ご飯【簡単パスタ】

おねえさん▶夢を叶える系動画ならこちらも外せない！ たっぷり明太子を使ったパスタを透明のボウルに入れて食べるっていうのに憧れていたんですよね。おにいさん▶こんな贅沢ができるのは、業務スーパーのお手頃な冷凍明太子チューブのおかげです。

生理前の食欲が止まらない爆食する1日の食事【料理ルーティン】

おねえさん▶“生理前の爆食”シリーズは、再生数のかなり高い動画。皆さん私の食べっぷりを褒めてくださいます（笑）。同じ気持ちの女性も見てくれているみたいです。ちなみに、生理前って辛いインスタントラーメンがすごく食べたくなりませんか？

Los Angeles

【LA観光】ロサンゼルスを楽しむ3日間【アメリカ旅行vlog】

おにいさん▶憧れのアメリカに出かけたvlog。普段と違う僕らが見られると視聴者さんから大好評でした。僕らも楽しかったし記憶に深く刻まれています。おねえさん▶旅を通してふたりの絆がより強固なものに！「この人となら一生いられそう」と感じた瞬間でした。

彼氏の実家

彼氏の実家で両親とパスタを作って食べる幸せ晩ご飯【飯テロ】

おにいさん▶結婚前に僕の実家で撮影した動画。おねえさんと両親が楽しそうに料理しているのが個人的にうれしかったです。おねえさん▶お義父さんお義母さんは普段から私たちの動画を見てくれていて“お玉さま”のネタも一緒にでき、一気に距離が縮んだ気が。

結婚

【ご報告】結婚しました！

おにいさん▶動画撮影をすることで、一緒に過ごす時間が倍増。その結果ふたりの絆がより強まり、結婚が現実に！ おねえさん▶「ちゃんとしたプロポーズしていなかったから…」とおにいさんが手紙をくれました。うれしかった！ 一生の宝物にします。

【大食い】唐揚げが止まらない幸せ晩ごはん【2周年ありがとう】

おにいさん▶唐揚げは『てりやきチャンネル』の看板レシピともいえるかも。定期的に食べたくなるんですよね。視聴者さんの反応も多いです。おねえさん▶忘年会や引っ越しなど、節目に食べることが多く、思い出がつまっています。今回の書籍のカバーにもしました！

Part 2

お肉が食べたい！
食べ応え満点の

がっつり
レシピ

ボリュームのあるミート系料理は、
爆食したい日にもぴったり。
自然と元気が湧いてきて、
テンションがアップ！

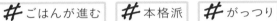

鶏チリ

材料（2人分）

鶏むね肉… 2枚(600g)
酒…大さじ1
片栗粉…大さじ1
長ねぎ…½本

A
- 砂糖…大さじ½
- 中華スープのもと…小さじ1弱
- 酒…大さじ1½
- しょうゆ…大さじ1½
- 水…大さじ4
- ケチャップ…大さじ3

サラダ油…大さじ1½
チューブ入りにんにく…小さじ1
チューブ入りしょうが…小さじ1
豆板醤…小さじ1弱

手順

① 長ねぎをみじん切りにする。鶏むね肉は皮を取り除いてひと口大に切り、酒と片栗粉をもみ込む。Aを混ぜ合わせておく。

② フライパンにサラダ油を熱し、鶏むね肉を焼く。鶏むね肉に火が通ったら、にんにくとしょうが、長ねぎを加えて炒め合わせる。

③ 豆板醤を加えてさっと炒めてから、Aを加えて混ぜ合わせながら全体にとろみがつくまで煮詰める。

至福Point

お手頃な鶏むね肉を使ったお財布に優しいこのレシピ。ささっと夕食を終えたい日は、丼ぶりに盛ったごはんに豪快にかけて、鶏チリ丼にするのも◎。贅沢したい日は、鶏むね肉をエビやイカに替えると豪華に。

鶏むね肉がおいしくなる、魔法の中華レシピ！

#エスニック　#ビッグサイズ　#ザクザク食感

鶏排
ジー　パイ

材料（2人分）

鶏むね肉… 2枚(600g)

A
- 塩・こしょう…各少々
- しょうゆ…大さじ2
- 酒…大さじ2
- 砂糖…大さじ1
- チューブ入りにんにく
  …小さじ½
- チューブ入りしょうが
  …小さじ½
- 五香粉…適宜

片栗粉…大さじ4

コーンスターチ…大さじ4

揚げ油…適量

手順

① 鶏むね肉は、横から切り込みを入れて厚みが半分くらいになるように切り開く。ラップをかぶせて拳で叩いて全体を均一な厚さにしたら、フォークで所々刺して火が通りやすいようにする。

② ビニール袋にAと1を入れ、よくもんで15分以上漬け込む。

② 2に片栗粉とコーンスターチを混ぜたものをしっかりつけて、170〜180℃に熱した揚げ油でカリッとするまで揚げる。

至福Point

インパクトたっぷりな大きさの鶏排。全部食べ切れなかった時は、翌日パンにレタスやトマトなどとはさんでエスニックサンドイッチに。冷めてもおいしいので、お弁当の具材にするのもおすすめ。

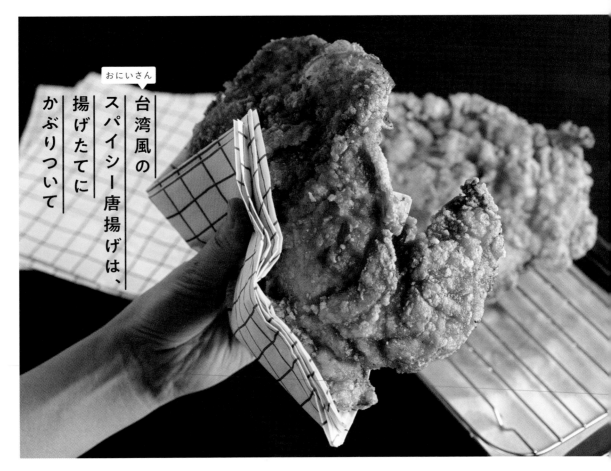

おにいさん

台湾風のスパイシー唐揚げは、揚げたてにかぶりついて

おねえさん

甘辛く煮た豚肉と
高菜が、ごはんと
ベストマッチ！

魯肉飯
（ルーローハン）

\# 屋台めし　\# 甘辛LOVE　\# 高菜必須

材料（2人分）

豚バラ肉(かたまり)…200g
サラダ油…大さじ1

A
- チューブ入りにんにく…小さじ½
- チューブ入りしょうが…小さじ½
- 豆板醤…少々
- しょうゆ…大さじ2
- 酒…大さじ2
- 酢…大さじ2
- 砂糖…大さじ2
- 水…250㎖
- 五香粉…適宜

ごはん…適量
温泉卵…2個
高菜(きざんだもの)…適量

手順

① 豚バラ肉は1㎝角に切る。

② フライパンにサラダ油をひいて
1を炒め、色が変わってきたら
Aを加えて水分がなくなるまで
煮込む。

② 器にごはんを盛って2をのせ、
温泉卵と高菜をトッピングする。

至福Point

作りすぎて食べ切れな
かった時は、翌日アツ
アツごはんに高菜と混
ぜておにぎりに！ それ
をランチにすれば、片
手で屋台めしが楽しめ
ます。海苔を巻くと風
味が変わり飽きもこな
い！

おにいさん

チキンがゴロゴロ！
バターが香る本格派カレー

バターチキンカレー

材料（2人分）

鶏むね肉… 1枚(300g)

A
- プレーンヨーグルト…200g
- チューブ入りしょうが…小さじ1
- チューブ入りにんにく…小さじ1
- カレー粉…大さじ2
- 塩…少々

玉ねぎ… 1個

にんじん… 1本

にんにく… 6片

バター…50g

B
- カットトマト缶…½缶(200g)
- コンソメ顆粒…大さじ1
- 水…200㎖
- 塩…小さじ1弱

ごはん…適量

手順

① 鶏むね肉はひと口大に切り、**A**と一緒にビニール袋に入れてもみ込んで15分ほどおく。

② 玉ねぎとにんじん、にんにくをみじん切りにする。

③ フライパンを熱し、バターとにんにくを入れて炒め、香りがしてきたら玉ねぎとにんじんを加えて炒める。全体がしんなりとしてきたら**B**を入れてひと煮立ちさせ、鶏むね肉を漬け込んだ汁ごと加える。

④ フタをして弱めの中火にし、ときどき混ぜながら30分以上煮込む。器にカレーとごはんを盛りつける。

至福Point

お肉を柔らかく、カレーをマイルドにしてくれるのがプレーンヨーグルト。残ったら牛乳（ヨーグルトと同量）、レモン汁＆砂糖（各適量）を入れて混ぜてラッシーに。カレーと一緒にいただけば、レストラン気分に。

タンスユク

材料（2人分）

豚バラ肉(かたまり)…200g

A
- ごま油…大さじ1½
- チューブ入りにんにく…小さじ½
- 酒…大さじ1
- 塩・こしょう…各少々

玉ねぎ…½個
にんじん…½本
きゅうり…1本

B
- 水…200㎖
- 砂糖…大さじ1½
- しょうゆ…大さじ1
- 酢…大さじ2
- 塩…小さじ¼弱
- ケチャップ…大さじ1

水…大さじ1½
片栗粉…小さじ2
揚げ油…適量

手順

① 豚バラ肉は1.5㎝幅の細切りにし、Aと一緒にビニール袋に入れてもみ込む。玉ねぎは2㎝幅、にんじんは短冊切り、きゅうりは乱切りにする。

② フライパンにBを入れてひと煮立ちさせ、玉ねぎとにんじんを入れてフタをして弱めの中火で煮て野菜に火を通す。

③ 2にきゅうりを加えてさっと煮込み、水で溶いた片栗粉を加えてさらに2〜3分ほど煮込んで全体にとろみがついたら火を止める。

④ 1のビニール袋に片栗粉(分量外)を入れてよくまぶし、170〜180℃の揚げ油で揚げる。器に盛り、3をかける。

至福Point

韓国料理を食べつつおうち飲みするなら、チャミスルのカクテルを用意してみては？　ストレートティで割ると飲みやすさ◎。フレーバー付きのチャミスルをカルピスで割ったカクテルもおすすめ。

おねえさん

カリッと揚がった
豚バラ肉に、
甘酢あんがよくからみます

おにいさん

調味酢パワーでてりてりに。
箸が進むジューシーなチキン

超絶簡単　# 材料少なめ　# 失敗知らず

てりうまチキン

材料（2人分）

鶏もも肉… 2枚(600g)
サラダ油… 大さじ1
調味酢… 大さじ8

手順

① フライパンにサラダ油をひき、鶏もも肉の皮目を下にして焼き、焼き色がしっかりとついたら裏返す。調味酢を加え、弱めの中火でフタをして3分ほど加熱し、中まで火を通す。

② フタを開け、全体にタレをからませながらてりが出るまで煮詰める。食べやすい大きさに切って器にのせる。

至福Point

調味酢だけで調理しても十分おいしいですが、タレを煮詰める際に粒マスタードやチューブ入りにんにく、ハーブなどをちょっぴり足して、洋風な味付けにするのも美味。お好みで試してみて！

#ローカルフード　#ジャンクなおいしさ　#紅しょうが必須

肉みそ焼きそば

材料（2人分）

焼きそば麺… 3袋
玉ねぎ… ½個
にんじん… ½本
にら… ½束
ごま油… 大さじ1
豚ひき肉… 150g

A
┌ 酒… 大さじ1½
│ みりん… 大さじ1½
│ しょうゆ… 大さじ1弱
│ オイスターソース… 大さじ1弱
│ 赤だし… 大さじ1弱
│ チューブ入りにんにく… 小さじ½
│ チューブ入りしょうが… 小さじ½
└ 豆板醤… 小さじ1弱

レタス・紅しょうが… 各適量
卵黄… 2個

手順

① 玉ねぎは5mm幅の薄切り、にんじんは短冊切り、にらは長さ4cmに切る。Aを混ぜ合わせておく。

② フライパンにごま油を熱し、豚ひき肉を炒める。ポロポロとしてきたら玉ねぎとにんじんを加えて炒める。Aを入れて全体になじんだら焼きそば麺を入れて炒め合わせる。最後ににらを入れてざっと混ぜたら火を止める。

③ 器にレタス、紅しょうが、2を盛りつけ、上に卵黄をのせる。

至福Point

今回は野菜や麺を一緒に炒めて焼きそばにしましたが、豚ひき肉をAの調味料で炒めて"肉みそ"を作るのもGOOD。ごはんにのせてもおいしいですし、冷奴にのせてもよく合います。

おにいさん

濃厚な肉みそ味がポイント。卵黄でまろやかさを加えて

牛のうまみが溶け込んだソースを半熟卵と召し上がれ！

おねえさん

#こっくりソース #とろとろ卵 #洋食系

オムハヤシ

材料（2人分）

牛肉（薄切り）…100g
チューブ入りにんにく…小さじ1
小麦粉…大さじ1½
玉ねぎ…½個
まいたけ…½パック（50g）
にんじん…¼本
サラダ油…小さじ1

A
カットトマト缶…½缶（200g）
水…200mℓ
ケチャップ…大さじ1½
中濃ソース…大さじ1½
コンソメ顆粒…大さじ1

バター…10g
卵…3個
ごはん…適量
ブラックペッパー…適量

手順

① 牛肉ににんにくをもみ込み、小麦粉をまぶす。玉ねぎは1㎝幅に切り、まいたけはほぐす。にんじんは短冊切りにする。

② 鍋にサラダ油を熱し、牛肉と玉ねぎを入れて炒める。色が変わってきたら、まいたけとにんじん、Aを入れて全体がトロッとするまで15分ほど煮込む。

③ フライパンをしっかりと熱し、バターを入れて、溶きほぐした卵を一気に流し入れる。少し固まってきたらざっくりと混ぜながら好みのかたさにする。

④ 器にごはんを盛り、3をのせて上から2のソースをかけ、ブラックペッパーをふる。

至福Point

レシピは2人分にしていますが、トマト缶を使い切るために私たちはルーを倍量で作って、半分作り置きにしています。ジップ付きビニール袋に入れてソースを冷凍しておけば、忙しい日の救世主に！

#イタリアン #絶品 #おしゃれ飯

チキンのトマト煮＆
ガーリックライス

ガーリックライス

材料（大盛り2人分）

ごはん…600g
にんにく… 4片
バター…30g
塩…小さじ²⁄₃
こしょう…少々

手順

① にんにくをみじん切りにする。

② フライパンににんにくとバターを入れて熱し、香りがしてきたらごはんを入れてよく炒め合わせる。塩、こしょうで味を調える。

チキンのトマト煮

材料（4人分）

鶏もも肉… 2枚(600g)
塩…小さじ½
こしょう…少々
チューブ入りにんにく
　…小さじ1
小麦粉…大さじ1強
しめじ… 1パック(200g)
なす… 1本
オリーブオイル…大さじ1

A [
カットトマト缶
　… 1缶(400g)
水…100ml
コンソメ顆粒…小さじ2
ローリエ… 1枚
塩…小さじ½
こしょう…少々
]

手順

① 鶏もも肉は大きめのひと口大に切り、塩、こしょう、にんにくをもみ込み、小麦粉を加えてさらにもむ。しめじは石づきを取り除いてほぐし、なすは乱切りにする。

② フライパンにオリーブオイルを熱して鶏もも肉を炒め、色が変わってきたら野菜を入れて炒める。

③ 2にAを加え、弱めの中火でフタをしてときどき混ぜながら20分ほど煮込む。器にガーリックライスを盛り、トマト煮を盛りつける。

至福Point

チキンのトマト煮はたっぷり作っておくことが多いです。お弁当のおかずにしてもいいですし、パスタソースにも使えるんですよ。

おねえさん

にんにくの香りが、
トマト味のチキンの
おいしさを引き立てる

#見た目よし #味よし #焼くだけ

チキンのトースター焼き

材料（2人分）

鶏もも肉…1枚(300g)
にんにく…½片
ズッキーニ…1本
ミニトマト…6個
レモン…½個
オリーブオイル…小さじ1
A ┌ 塩…小さじ⅓
  └ こしょう…少々
塩…適量
ブラックペッパー…適量
タイム…ひとつまみ
オリーブオイル…適量

手順

① 鶏もも肉は食べやすい大きさに切る。にんにくは薄切り、ズッキーニは1cm幅の輪切りにする。ミニトマトは半分に切り、レモンは3mm幅の半月切りにする。

② フライパンにオリーブオイルを熱し、Aで下味をつけた鶏もも肉とにんにくを入れて焼く。鶏もも肉に火が通ったら、耐熱容器に野菜とレモンと共に入れる。

③ 上から塩とブラックペッパー、タイムをふり、オリーブオイルを軽く回しかけ、600wのトースターで20分ほど焼く。

至福Point

トースター焼きに入れる野菜は何でもOK。玉ねぎやキャベツ、じゃがいもも合いますよ。トースターで火が通るか不安なかための野菜は、電子レンジで加熱して火を通してから入れて。

おねえさん

耐熱容器に入れて焼くだけで、しゃれたおかずが完成！

おにいさん

冬の定番！

アツアツをどうぞ コトコト煮込みながら

鶏つくね鍋

手間なし　　**#** 失敗知らず　　**#** シメは雑炊で

材料（2人分）

鶏団子（市販のもの）… 1パック
白菜…½個
にんじん…½本
えのきたけ…1パック（100g）
まいたけ…1パック（100g）
水菜…1袋

A
- 水…1ℓ
- 和風だしのもと…大さじ2
- 酒…大さじ4
- しょうゆ…大さじ2

絹ごし豆腐（小）…1丁（300g）

手順

① 白菜は4cm幅のざく切り、にんじんは3mm幅の輪切りにする。えのきたけは石づきを切り落としてほぐし、まいたけもほぐしておく。水菜は長さを4cmに切る。

② 鍋にAを入れて火にかけ、1を入れて煮込む。野菜に火が通ったら鶏団子と食べやすい大きさに切った絹ごし豆腐を入れて煮る。

至福Point

和風だしが利いたしょうゆ味ベースで、小ねぎや柚子胡椒、七味唐辛子、大根おろしなど様々な薬味と好相性。色々お試しあれ。シメにごはんと卵を足して雑炊にすれば、がっつりお腹がふくれます。

料理が
ぐっと
おいしくなる

これは用意すべき！
おすすめ調味料全部見せ

ヘビロテしている調味料を一気にご紹介。私たち『てりやきチャンネル』のレシピを再現するのに欠かせないものばかり。大抵のものは、この9つでおいしく仕上がります。

A ごま油

香ばしい風味で中華＆和風料理の底上げ役に。ラーメンや中華スープに入れると、驚くほど味がおいしく変化。

B 調味酢

料理にパンチが欲しい時に。酢よりまろやかで失敗しない！ おにいさんはひとり暮らし時代から愛用。

C オリーブオイル

洋風料理には大抵使用。パスタやドレッシングにも。にんにくとの相性がよく、香りが引き立ちます。

D めんつゆ

1本で味が決まるお助け調味料。味わいのバランスが好みなので、ふたりともすぐ使いたがります（笑）。

E チューブ入りしょうが

和食や中華を作る時に頻出するのがこちら。下味やタレを作る時にも便利。お肉の臭い消しにも。

F チューブ入りにんにく

ふたりともにんにくが大好き！ 面倒な皮むきやおろし作業がなく、お手軽に使えるチューブタイプは最高。

G 中華スープのもと

ふたりとも昔から使っているなじみの味。何に入れてもおいしくなるので、あるだけで安心する調味料です。

H 赤だし

ふたりが育った地元・愛知県の味。おみそ汁はもちろんこちらを使用。料理に入れるとコクが出ます。

I コチュジャン

辛いだけでなく、甘さや塩気、うまみもあり、案外万能。おねえさんが大好きな韓国系の料理にはマスト。

Part 3

この一品だけでも
大満足！
時間がない日の

楽うま
レシピ

麺や丼ものなど、さっと作れて
お腹がふくれるおいしい料理が大集合。
覚えておけば、忙しい日だって
ふたりで幸せに。

#レストラン　#クリームパスタ　#おしゃれ飯

ほうれん草と
スモークサーモンの
クリームパスタ

材料（2人分）

ほうれん草… 3株
スモークサーモン… 50g
スパゲッティ… 300g
にんにく… 4片
サラダ油… 大さじ1
調製豆乳… 250㎖
スライスチーズ… 2枚
塩… 適量
ブラックペッパー… 適量

手順

① ほうれん草はざく切りにする。にんにくは包丁の腹でつぶす。

② フライパンにサラダ油を熱してにんにくを炒め、香りがしてきたらスモークサーモンを入れてさっと炒める。調製豆乳とスライスチーズを加え、トロッとするまで煮詰める。

③ スパゲッティは表示通りにゆでる。ゆで上がり1分前にほうれん草を入れ、スパゲッティとほうれん草を一緒にザルにあげて水気をきり、2に加えてからませる。塩、ブラックペッパーで味を調える。

至福Point

そのまま食べてももちろんおいしいですが、味変に柚子胡椒をちょっぴり加えるとさらにおいしい！ ピリ辛さと柚子のいい香りが食欲をさらに誘います。

おねえさん

豆乳でまろやかに
仕立てたソースが◎

#火を使わない　#夏向け　#食が進む

ネバトロ丼

材料（2人分）

マグロのたたき…150g
長芋…150g
ごはん…適量
すし酢…適量
なめ茸…大さじ4
冷凍きざみオクラ…80g
きざみ海苔・白ごま・
　しょうゆ…各適量

手順

① 長芋は皮をむいてすりおろす。
冷凍きざみオクラは解凍する。

② ごはんにすし酢を加えて混ぜて
酢飯にし、器に盛る。マグロの
たたき、長芋、なめ茸、オクラ
をのせる。海苔、白ごまをのせ、
しょうゆをかけて食べる。

至福Point

ねばねばがお好きな方
は、ここに納豆も投入
してみて！さらにたく
あんを細切りして加え
るのもおすすめ。納豆
のねばり＆たくあんの
塩気で、ますますごは
んが進みます。

おにいさん

疲れた日でも
つるっと食べられる
すし飯丼ぶり

生のトマト&イカの
フレッシュなおいしさ！

おねえさん

#シーフード #レストラン級 #ご自慢パスタ

生トマトとイカのパスタ

材料（2人分）

トマト… 1個
スルメイカ… 1杯(150g)
スパゲッティ…300g
にんにく… 4片
オリーブオイル…大さじ 2
塩…適量
粉チーズ…適量
ブラックペッパー…適量

手順

① スルメイカは内臓などを取り除いて胴を輪切りにし、足は 2 本ずつ程度に切る。にんにくはみじん切り、トマトは角切りにする。

② フライパンにオリーブオイルを熱してにんにくを炒め、香りがしてきたらトマトを入れてつぶすように崩しながら炒める。

③ スパゲッティを表示通りにゆで始める。ゆで汁(大さじ 6)を 2 のソースに入れて全体が少しトロッとしてきたら、1 のスルメイカを入れて火を通し、塩で味を調える。

④ ゆで上がったスパゲッティをソースに加えてざっくり混ぜる。器に盛り、粉チーズとブラックペッパーをかける。

至福Point

パスタがない日は、ボウルに温かいごはん(300g)とバター(大さじ 1)と塩・ブラックペッパー(各少々)を入れて混ぜ、バターライスを作り、ソースを上からかけてどうぞ。

＃ ふわとろ卵　＃ ジューシーベーコン　＃ 追いチーズ

カルボ丼

材料（2人分）

厚切りベーコン…150g
卵…4個
粉チーズ…大さじ3
ブラックペッパー
　　…小さじ½
バター…20g
ごはん…適量

手順

① 厚切りベーコンは1cm幅に切る。ボウルに卵を割りほぐし、粉チーズとブラックペッパーを入れて混ぜる。

② フライパンにバターを熱し、厚切りベーコンを炒めて焼き色がついたら、1の卵液を加えて軽く混ぜ、半熟状になったら火を止める。

③ 器にごはんを盛り、2をのせる。お好みでさらに粉チーズ(分量外)をかけても。

至福Point

余裕がある日は、冷凍むき枝豆(80g)＆チューブ入り明太子(大さじ2)を足して和風豪華アレンジをすることも。どちらも卵液に入れ、それ以外の作り方は同じでOK。味が濃くなりすぎないよう明太子の量はお好みで調節を。

おにいさん
卵がたっぷり！
カルボナーラ風の
洋風丼ぶり

しめじのうまみと、厚切りベーコンの歯応えがアクセント

#バターしょうゆ　#大葉の香り　#飽きない

しめじの和風パスタ

材料（2人分）

スパゲッティ…300g
しめじ…1パック（200g）
長ねぎ…½本
大葉…6枚
にんにく…4片
厚切りベーコン
　…150g
サラダ油…大さじ1
塩…適量
しょうゆ…大さじ1
バター…10g
ブラックペッパー
　…適量

手順

① しめじは石づきを取り除いてほぐす。長ねぎは斜め切り、大葉はせん切りにする。にんにくは包丁の腹でつぶす。厚切りベーコンは角切りにする。

② フライパンにサラダ油を熱し、にんにくを入れて炒める。香りがしてきたら大葉以外の具材を入れて炒める。

③ スパゲッティは塩を入れた湯で表示通りにゆで、ゆで汁（大さじ6）を2に加え、しょうゆも加えて混ぜ合わせる。

④ ゆで上がったスパゲッティを3に加え、バターを入れてなじませたら火を止める。器に盛り、大葉を散らしてブラックペッパーをかける。

至福Point

バターとベーコンのうまみがたっぷりなこのレシピは、だし汁（適量）を加えることでこっくりしたスープパスタに！　味が薄いと感じた時は、めんつゆを足して調整して。

ツナとかつおのうまみで
いただく至福のうどん

爆速　# うまみにぞっこん　# 黄身に夢中

ツナうどん

材料（2人分）

冷凍うどん…3玉

ツナ缶…1缶(70g)

A〔 ごま油…大さじ1

かつお節…小分け2袋(4g)

めんつゆ(3倍濃縮)…大さじ3弱 〕

卵黄…2個

大葉・小ねぎ…各適宜

手順

① ボウルにツナ缶を油ごと入れ、A を加えて混ぜる。

② 冷凍うどんを表示通りにゆでて器に盛る。1
と卵黄をのせ、好みでせん切りにした大葉や
小口切りにした小ねぎを散らす。

至福Point

このままでも言うことなし
のおいしさですが、ここに
すだちを搾るとさっぱり系
のうどんに早変わり。途中
で味変して、味の違いを楽
しんでください。すだちが
なければレモンでもイケま
すよ。

梅しらすパスタ

#和風　#疲労回復　#さっぱり

材料（2人分）

梅干し… 2個
しらす…大さじ5
スパゲッティ…300g
玉ねぎ…½個
オリーブオイル…大さじ1
しょうゆ…大さじ1
バター…10g

手順

① 玉ねぎはみじん切りにする。梅干しは種を除いてちぎっておく。スパゲッティは表示通りにゆでる。

② フライパンにオリーブオイルを熱し、玉ねぎをよく炒める。しんなりしたら、しょうゆとスパゲッティのゆで汁（大さじ10）を加えてなじませる。

③ ゆで上がったスパゲッティを2に入れて炒め合わせ、バターと梅干し、しらすを入れて混ぜ合わせる。

至福Point

甘辛なテイストが好きなら、しょうゆをめんつゆ（適量）に替えてみて。やや甘辛でまろやかな風味に。きざんだ大葉や小口切りにした小ねぎ、海苔など薬味を加えてアレンジしても。

おねえさん
梅干しの酸味と玉ねぎの甘みがポイント！

ツナおろしパスタ

材料（2人分）

ツナ缶… 2缶(140g)
大根…200g
スパゲッティ…300g
玉ねぎ…½個
冷凍むき枝豆…50g
　　（さや付きの場合は100g）
オリーブオイル
　　…大さじ1
しょうゆ…適量
バター…10g

手順

① 大根はすりおろして水気をきっておく。玉ねぎはみじん切りにする。スパゲッティは表示通りにゆでる。

② フライパンにオリーブオイルを熱し、玉ねぎをよく炒める。しんなりしたらしょうゆとスパゲッティのゆで汁（大さじ10）を加えてなじませる。

③ 2に冷凍むき枝豆と、ツナ缶を油ごと入れて混ぜ、ゆで上がったスパゲッティを入れてからバターを加えて混ぜ合わせる。器に盛りつけ、大根おろしを添える。

至福Point

暑い夏は、スパゲッティをカッペリーニに変更して冷製パスタにすることも。オリーブオイルで炒めた玉ねぎにしょうゆを加えたら、ゆで汁の代わりに冷たいだし汁（適量）を投入。枝豆とツナ缶を加えて混ぜ、最後に大根おろしをそえて完成！

おにいさん
たっぷりの大根おろしで、さっぱりいただくのが◎

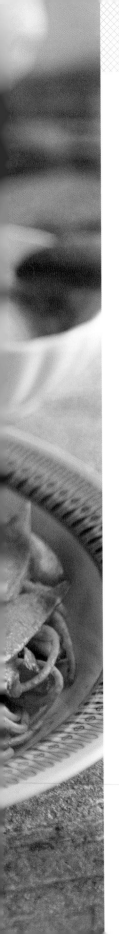

#洋食　#定番　#飽きがこない

ナポリタンスパゲッティ

材料（2人分）

スパゲッティ…300g
ピーマン…4個
玉ねぎ…小1個
エリンギ…1本
ソーセージ…3本
サラダ油…大さじ1
バター…20g

A ┌ ケチャップ…150g
　│ 中濃ソース…大さじ1½
　│ 牛乳…大さじ3
　│ 砂糖…小さじ2
　└ 塩・こしょう…各少々

手順

① ピーマンは細切り、玉ねぎは細めのくし形切りにする。エリンギは食べやすい大きさに切り、ソーセージは斜め薄切りにする。

② フライパンにサラダ油を熱し、**1**を炒める。玉ねぎがしんなりとしたらバターを入れ、**A**を加えて全体がなじむまで炒める。

③ スパゲッティを表示通りにゆで、水気をきって**2**に加え、混ぜながらよくからめる。

至福Point

晩酌しながら食べる時は、作ったナポリタンをホットプレートに移して、ピザ用チーズをばらり。焦げないように温めながら、チーズをとかして食べるのにハマってます！

ケチャップに
中濃ソースを混ぜることで、
コクアップ！

おにいさん

かぼすとオイルサーディンの炊き込みごはん

#炊くだけ #おかわり必至 #おもてなしにも

材料（作りやすい分量）

かぼす…1個
オイルサーディン缶
　　…1缶（100g）
米…2合
しめじ…1パック（200g）
トマト…1個
水…300㎖
和風だしのもと…大さじ1
しょうゆ…大さじ1
白ワインビネガー…大さじ1
塩・こしょう…各少々
ブラックペッパー…適宜

手順

① しめじは石づきを除いてほぐし、かぼすは薄切りにする。トマトはヘタを除いておく。

② 洗った米を炊飯器に入れ、水、和風だしのもと、しょうゆ、白ワインビネガー、オイルサーディン缶の油、塩、こしょうを入れて軽く混ぜる。しめじ、オイルサーディン、トマト、かぼすをのせて普通に炊く。

③ 炊き上がったらよく混ぜ合わせ、好みでブラックペッパーをふる。

至福Point

かぼすとオイルサーディンの組み合わせが最高! かぼすがおいしい8〜11月頃ぜひ作ってみてください。かぼすが手に入らない時は、レモンでもOK。レモンにする場合は、½個ほどに。

おねえさん
かぼすとトマトの酸味がいわしをぐっと引き立てる!

おにいさん

野菜と卵たっぷり。
ソースの香りが
食欲をそそる！

#お好みソース　#マヨネーズ　#おつまみにも

とんぺい焼き

材料（2人分）

豚こま肉…100g
キャベツ…200g
小ねぎ…3本
サラダ油…大さじ2
塩・こしょう…各少々
卵…3個
お好みソース・マヨネーズ
　　…各適量

手順

① キャベツは太めのせん切り、小ねぎは小口切りにする。

② フライパンにサラダ油の半量を熱し、豚こま肉を炒めて塩、こしょうをふる。肉の色が変わってきたらキャベツを入れてしんなりするまで炒めて一度取り出しておく。

③ フライパンに残りのサラダ油を入れて熱し、溶きほぐした卵を入れて半熟状になったら火を止めて 2 をのせる。

④ 皿をフライパンの上に逆さにしてのせ、ひっくり返して盛りつける。お好みソースとマヨネーズをかけ、小ねぎを散らす。

至福Point

お好みでかつお節と青海苔をかけてどうぞ。さらにアレンジを加えたい時は、豚こま肉を炒める時にキムチ（好みの量）を加えて、「豚キムチとんぺい焼き」にしてみて。辛さとソースのハーモニーがクセになります。

#韓国料理アレンジ　　#おにぎらず　　#栄養バランス◎

パタパタキンパ

材料（三角形6つ分）

ごはん…600g

A
- レモン汁…大さじ2
- オリーブオイル…大さじ1
- 砂糖…小さじ2
- 塩…小さじ1
- ブラックペッパー…適量

卵…3個

ソーセージ…3本

にんじん…小1本

小松菜…2株

ごま油…大さじ1

中華スープのもと
　　…大さじ½

チューブ入りにんにく
　　…小さじ½

しょうゆ…少々

海苔（全形）…3枚

サニーレタスなどの
　　レタス類・マヨネーズ
　　…各適量

至福Point

今回はごはんにしっかりと味をつけましたが、時間がなければごはんに塩をパラパラふるだけでも十分おいしいですよ。具材も、ごはんに合いそうなものなら何でも！ いろいろ試し、マイベストを探し出して。

手順

① ごはんにAを入れて混ぜ合わせる。

② フライパンに卵を割り入れて、両面焼きの目玉焼きを作る。ソーセージは縦半分に切ってフライパンで焼き、取り出しておく。

③ にんじんは太めのせん切り、小松菜はざく切りにする。フライパンにごま油を熱し、にんじんと小松菜を炒め、中華スープのもと、にんにく、しょうゆを加えて炒め合わせる。

④ 写真のように海苔の下辺の中央から中心に向けて真っ直ぐ切れ込みを入れる。右側半分の上下にごはんを100gずつ広げ、左側半分の上下に2と3で作った具材の⅓とマヨネーズを組み合わせてのせる。

⑤ 写真のように左側手前を奥に向けて一度折り、その部分を右側へ折り、さらに手前に折って正方形にする。ラップできつく包み、ラップをしたまま包丁で斜めに切る。同じようにして6個作る。

#おしゃれ飯　#火を使わない　#作業時間5分

アボカド生ハム丼

材料（2人分）

アボカド… 1個
生ハム（切り落とし）…150g
バター…20g
チューブ入りにんにく…少々
ごはん…適量
卵黄… 2個
粉チーズ…適量
ブラックペッパー…適量

手順

① アボカドは種を除いて果肉をスプーンでくりぬき、耐熱容器にバターと一緒に入れ、電子レンジで2分加熱する。にんにくを加えてフォークなどで粗くつぶす。

② ごはんを器に盛り、上に1、生ハム、卵黄をのせる。仕上げに粉チーズとブラックペッパーをふる。

至福Point

粉チーズがなかったり、和風の味付けで食べたい日は、きざみ海苔＆しょうゆをたらりとかけて食べてみて。海苔の香ばしさが案外アボカドや生ハムとマッチします。

おにいさん
濃厚で大人な味。粉チーズがいい仕事してます！

おねえさん

まるでレストラン！
気合を入れたい
特別な夜に

誕生日やお祝い、
ゆっくり語り合いたい日など、
私たちがスペシャルDAYに食べる
メニューで特に思い出深いのはコレ！

#プロ級　#イタリアン　#映え

タラのアクアパッツァ

材料（2人分）

タラ…2切れ
塩…少々
にんにく…3片
オリーブオイル
　…大さじ2
砂抜きしたアサリ
　…250g
ムール貝…8個
ミニトマト…5個
ブラックオリーブ
　…10個
酒…300mℓ

手順

① タラの両面に塩をふって5分ほどおく。にんにくは薄切りにする。

② フライパンにオリーブオイルとにんにくを入れて熱し、砂抜きしたアサリとムール貝を炒める。

③ 2にミニトマト、ブラックオリーブ、タラを加え、具材の7分目まで酒を入れたらフタをして蒸し焼きにする。

至福Point

おにいさんのお誕生日に作った思い出のレシピ。おしゃれ見えするし、食卓が華やかになりますよ。タイやスズキなど、白身の別の魚で作っても。食べる前にきざみパセリ（少々）をかけるのも◎。

おにいさん

トークがさらに盛り上がる、カリじゅわ〜な点心

中華　# アツアツ　# ホットプレートレシピ

焼き小籠包

材料（2人分）

豚ひき肉…200g
長ねぎ…30g
粉ゼラチン…5g
中華スープのもと
　…小さじ1
湯…80㎖

A
チューブ入りしょうが
　…小さじ½
オイスターソース
　…大さじ½
しょうゆ…大さじ½
酒…大さじ½
砂糖…少々

餃子の皮（大判）…1袋
ごま油…適量
小ねぎ・白ごま…適宜
黒酢…適宜

手順

① ボウルに粉ゼラチン、中華スープのもと、湯を入れてよく混ぜてゼラチンを溶かし、粗熱が取れたら冷蔵庫に入れて冷やす。しっかりと固まったらフォークなどで崩す。

② 長ねぎをみじん切りにし、豚ひき肉、Aとよく混ぜ合わせる。さらに1を加えてさっと混ぜ、餃子の皮で包む。皮のフチに水を少しつけて、ぎゅっとつまんでしぼるようにするとよい。

③ ホットプレートのたこ焼き用プレートにごま油を薄くひいて温め、くぼみに2をしぼり口を上にして入れる。焼き色がしっかりつくまで焼いたら、水（分量外。1プレートにつき、50㎖程度）を全体に均等に入れ、フタをして蒸し焼きにする。

④ 火が通ったら、好みで小口切りにした小ねぎや白ごまを散らし、黒酢をつけて食べる。

至福Point

ホットプレートを使った料理は、ずっと熱々なのでゆっくり楽しめる！ちょっとしたお祝いなどじっくり語り合いたい夜に。小籠包は作る過程も興味深くて、ワイワイ盛り上がりました。

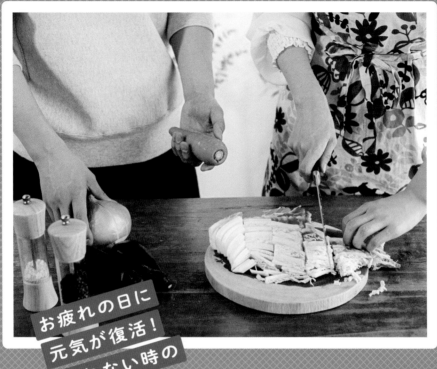

Part 4

お疲れの日に
元気が復活！
頑張れない時の

やさしい
レシピ

疲れていても作れるくらい、
超簡単で手間いらず。
体にも心にも染みるスープなど、
残業DAYにもおすすめのものばかり。

おねえさん

シンプルながら、何度でも食べたくなるトマトスープ

煮るだけ　# 白身消費　# 朝ごはん向け

トマトと卵白のスープ

材料（2人分）

トマト…1個
卵白…1個分
玉ねぎ…½個
水…300㎖
コンソメ顆粒…大さじ1
塩・こしょう…各少々

手順

① 玉ねぎは薄切り、トマトは角切りにする。

② 鍋に水を入れて沸かし、玉ねぎとトマトを入れて煮る。玉ねぎがしんなりとしたらコンソメ顆粒を入れる。

③ 溶きほぐした卵白を入れて固まったら火を止め、塩・こしょうで味を調える。

至福Point

パンを添えて食べることが多いですが、もう少しボリュームが欲しい時は冷凍うどんを加えて、洋風うどんに。塩・こしょうで調えたさっぱりした味が体に染みますよ。

ワンタンスープ

材料（2人分）

ワンタンの皮… 8枚
にら…⅓束
ほうれん草…2株
豚ひき肉…100g
水…400㎖
中華スープのもと
　　…大さじ½
酒…大さじ1
しょうゆ…少々
ごま油…適量

手順

① ワンタンの皮を三角形に切る。にらとほうれん草は4㎝の長さに切る。

② 鍋に水を入れて沸騰させ、豚ひき肉、にら、ほうれん草、中華スープのもと、酒、しょうゆを入れて煮る。

③ 豚ひき肉に火が通ったらワンタンの皮をくっつかないように1枚ずつスープに入れる。仕上げにごま油をたらす。

至福Point

余ったワンタンの皮は、油で揚げてチップスに！ こんがりきつね色になるまで揚げ、塩をぱらっとかけるだけでいいおつまみに。ブラックペッパーや粉チーズをかけても◎。

おにいさん

のど越しのいいワンタンが入った、いたわり食

#地元風　#赤みそ　#ほっこり

みそ煮込みうどん

材料（2人分）

うどん… 3玉
にんじん… ½本
長ねぎ… ½本
しいたけ… 3本
かまぼこ… ½本
油あげ… 1枚
豚バラ肉（薄切り）… 150g
水… 700㎖
和風だしのもと… 大さじ½
赤だし… 大さじ3
卵… 2個

手順

① にんじんは5㎜幅のいちょう切り、長ねぎは
斜め切りにする。しいたけとかまぼこは5㎜
幅の薄切りにする。油あげと豚バラ肉は食べ
やすい大きさに切る。

② 鍋に水と和風だしのもとを入れてひと煮立ち
させ、1を全て入れる。

③ 赤だしを入れて味を調え、うどんを入れてト
ロッとするまで煮込む。卵を割り落とし、フ
タをして卵が好みのかたさになるまで煮る。

至福Point

冬はスープに豆板醤をほん
の少し足してピリ辛にする
と、体が芯から温まる辛み
麺になりますよ。うどんの
代わりに、中華麺を入れる
のもおすすめです。

空芯菜と卵のスープ

材料（2人分）

空芯菜… 1袋
卵… 2個
水… 400㎖
酒… 大さじ1
中華スープのもと … 大さじ½
しょうゆ… 適量
ごま油… 適量
白ごま… 適量

手順

① 空芯菜は食べやすい大きさに切る。

② 鍋に水を入れて沸かし、酒、中華スープのもとを入れ、空芯菜を入れて煮る。

③ ひと煮立ちしたらしょうゆを入れて、溶きほぐした卵を流し入れる。仕上げにごま油をたらし、白ごまをふる。

至福Point

空心菜がなければ、ほうれん草や小松菜でもOK。お好みの青菜でどうぞ。食べ応えが欲しい時は、しめじやしいたけなどのきのこをプラスしてかさましするのも◎。

おねえさん

ふんわりかきたまと
ごま油の香りが
たまらない！

鶏ひき肉と豆腐のスープ

材料（2人分）

鶏ひき肉…150g
木綿豆腐…1丁（300g）
えのきたけ
　　…1パック（100g）
にんにく…4片
ごま油…大さじ1
塩・こしょう…各適量
水…300㎖
白だし…大さじ3
しょうゆ…大さじ1
A ［ 水…大さじ1⅓
　　片栗粉…小さじ2 ］
小ねぎ…適宜

手順

① えのきたけは石づきを取り除いて長さ半分に切ってほぐす。にんにくは粗みじん切りにする。

② 鍋にごま油を熱してにんにくを炒め、香りがしてきたら鶏ひき肉とえのきたけを加えて炒める。

③ 塩、こしょうをふって炒めたら水を入れ、ひと煮立ちさせる。木綿豆腐をスプーンですくって入れて5分ほど煮込む。白だしとしょうゆで味を調えたら、Aを混ぜてから加えとろみをつける。好みで小口切りにした小ねぎを散らす。

至福Point

豆腐がない時は、春雨（好みの量）をゆでて入れてかさましするのが◎。カロリーも控えめでお腹がふくれます。途中でラー油をかけてピリ辛に味変するのもGOOD。

おねえさん

お腹がふくれる豆腐スープは、夜中に食べても罪悪感なし

ジャンクな麺に
野菜と卵を加えて
栄養価＆満足度アップ

豚キムチラーメン

材料（2人分）

豚こま肉…100g
キムチ…100g
インスタントラーメン（辛い味のもの）…2袋
しめじ…1パック（200g）
にら…⅓束
サラダ油…少々
塩・こしょう・和風だしのもと…各少々
赤だし…小さじ2
卵…2個

手順

① しめじは石づきを取り除いてほぐす。にらは4㎝幅に切る。

② 鍋にサラダ油を熱し、豚こま肉と1を炒める。塩、こしょう、和風だしのもとを加える。

③ 2にインスタントラーメンの袋の表示通りの水（分量外）を入れてひと煮立ちさせる。インスタントラーメンの麺を入れ、付属のかやく、粉末スープ、赤だしを入れて表示通りに煮込む。

④ 器に麺や具材を入れ、鍋に残ったスープに卵を落として好みの状態に固まったら、卵とスープを注ぐ。キムチをのせる。

至福Point
爆食DAYは麺を食べてからスープにごはんを入れて雑炊に。辛いスープとごはんのハーモニーがたまらない！　ごま油をちょっぴりたらして香ばしさを加える味変もおすすめ。

#時短 #食べるスープ #温まる

コロコロポトフ

材料（2人分）

にんじん…½本
玉ねぎ…½個
じゃがいも…1個
ソーセージ…3本
サラダ油…大さじ1
水…300㎖
コンソメ顆粒…大さじ1
チューブ入りにんにく
　　…小さじ1
ローリエ…2枚
塩・こしょう…各適量

手順

① にんじんと玉ねぎ、じゃがいもは1.5cm角のさいの目切りにする。ソーセージは1cm幅に切る。

② 鍋にサラダ油を熱し、1を炒める。

③ 水、コンソメ顆粒、にんにく、ローリエを入れ、フタをして15分煮込んだら、塩とこしょうで味を調える。

至福Point

夕食にする時は、ガーリックトーストを添えて。焼いたフランスパンの切り口に、皮をむいたにんにく（もしくはチューブ入りにんにく少々）をこすりつけ、オリーブオイルをたらすだけ！

おねえさん

ほくほくじゃがいもが
おいしい、
具だくさんスープ

なすと豚の組み合わせは、うどんでもテッパン！

#冷しゃぶ #さっぱり #ねばねば

豚しゃぶとなすの冷たいうどん

材料（2人分）

豚バラ肉（しゃぶしゃぶ用）…150g
なす…1本
冷凍うどん…3玉
大根…200g
冷凍きざみオクラ…100g
大葉…6枚
A ┌ めんつゆ（3倍濃縮）…60㎖
　├ 水…60㎖
　├ 柚子ポン酢…60㎖
　└ ごま油…大さじ1
サラダ油…小さじ2

手順

① なすは薄い輪切りにし、大根はすり
　おろして水気をきる。冷凍きざみオ
　クラは解凍する。大葉はせん切りに
　する。

② 豚バラ肉は熱湯でゆでて冷水にとり、
　水気をきってAを混ぜたタレに漬け
　る。

③ フライパンにサラダ油を熱し、なす
　の両面を焼く。冷凍うどんを表示通
　りにゆでて冷水にとり、水気をきる。

④ 器にうどんを盛り、なす、大根おろ
　し、オクラ、大葉をのせる。豚バラ
　肉ものせて、残りのタレをかける。

至福Point

今回は柚子ポン酢を入れましたが、めんつゆのみで食べてももちろんおいしい！ その場合、チューブ入りしょうが＆小口切りにした小ねぎを足すと、味のバランスがよりよく。

#そうめんアレンジ　　#ねばねば　　#夏野菜

めかぶとオクラと
トマトのそうめん

材料（2人分）

めかぶ… 2 パック（70g）

冷凍きざみオクラ… 50g

そうめん… 5 束

トマト… 1 個

大葉… 5 枚

めんつゆ（3倍濃縮）… 大さじ 4

ごま油… 大さじ 2

卵黄… 2 個

ツナ缶… 1 缶（70g）

白ごま… 適量

手順

① トマトを角切りにする。大葉をせん切りにする。冷凍きざみオクラは解凍する。

② めんつゆ、ごま油、トマト、オクラ、めかぶを混ぜる。

③ そうめんを表示通りにゆでたら流水で冷やし水気をきって器に盛る。2 をかけ、卵黄、ツナ、大葉をのせて白ごまを散らす。

至福Point

そうめんをうどんやそばに替えてもおいしいですよ。オクラがない時はきゅうりでも。腹ぺこな時はアボカドに変更して、こっくりアレンジすると満足感アップ。

ねばとろ食材たっぷり。
夏バテ防止のひんやり麺！

おねえさん

おにいさん

甘辛酸っぱいクセになる味。
薬味がいい仕事をします

ごまの香り # 黄身LOVE # まぜまぜ

油そうめん

材料（2人分）

そうめん…5束
小ねぎ…½束
みょうが…3個
めんつゆ（3倍濃縮）…大さじ2
ごま油…大さじ2
酢…大さじ1
卵黄…2個
ブラックペッパー…適宜
ラー油…適宜

手順

① 小ねぎとみょうがは小口切りにする。大きめのボウルにめんつゆ、ごま油、酢を入れて混ぜ、タレを作る。

② そうめんを表示通りにゆでてお湯をきり、1のタレにからませて、器に盛りつける。小ねぎとみょうが、卵黄をのせる。好みでブラックペッパーとラー油をかける。

至福Point

味変したくなった時は、酢を足してさらにさっぱりさせるか、白ごまや海苔を足して香ばしさをプラスするのが◎。チューブ入りしょうがやチューブ入りにんにくを少し入れるのもアリ。

#自然の恵み　#いやし系　#こっくり

かぼちゃのポタージュ

材料（2人分）
かぼちゃ…正味500〜600g
牛乳…500㎖
コンソメ顆粒…大さじ1
塩…小さじ½

手順

① かぼちゃは種を取り除いて皮を下にして耐熱容器に入れ、ラップをふんわりとかける。電子レンジで6分、全体が柔らかくなるまで加熱する。竹串を刺してかたい部分があれば再度1分ずつ加熱する。

② かぼちゃの黄色い部分をスプーンなどでくりぬいてミキサーに入れ、牛乳も入れて滑らかになるまで撹拌する。

③ 2を鍋に移して火にかけて温め、コンソメ顆粒と塩で味を調える。

至福Point

耐熱性のココット容器に食パン（1枚）をちぎり入れ、そこにスープをひたひたになるまで注ぎ、ピザ用チーズ（好みの量）をのせて。オーブントースターで焼けばパングラタンに。

おねえさん

ほっとする、優しい甘みのポタージュスープ

余っても安心！残り物のリサイクルテク

「料理を食べ切れなかった」「食材が少し残った」なんて時は、こんな技で上手に工夫しています。お財布にも優しい！

汁物

うどんを入れて、主食に変身！

おにいさん▶うどんは中華・和風・洋風など、どんな味付けも受け止める偉大な麺。汁物が残ったら、迷わず投入。味を調えれば、立派な一食に。野菜や卵を足しても。

揚げ物

パンにはさんでサンドイッチ

おねえさん▶食べ切れなかった揚げ物は、野菜と一緒に食パンではさんで朝食やランチに。コロッケやカツはソースを、唐揚げならマヨネーズを追加するのがおすすめです。

ごはん

おにぎりにして冷凍しておく！

おねえさん▶残りごはんをそのまま冷凍するのもいいですが、おにぎりにして冷凍しておくのもアリ。手間がかかりますが、解凍して海苔を巻けばすぐ食べられる常備食に。

炒めてチャーハンにする

おにいさん▶冷やごはんはソーセージやチャーシューなどの加工肉、長ねぎや卵などと一緒に炒めて。味付けに中華スープのもとを入れるのを忘れずに。ぐっとおいしくなる！

野菜

せん切りにしてサラダやナムルに

おにいさん▶残り野菜を切って、調味酢＆オリーブオイルで和えればサラダに。ナムルにするのもあり。ミニトマトやレタスなどは他の料理に添えて彩りにすることも。

トマトパスタに入れて

おねえさん▶味が濃いトマトパスタは、どんな野菜とも相性抜群。作る時は冷蔵庫をチェックし、少し残った玉ねぎやブロッコリーなどを追加。栄養もボリュームも増えて◎。

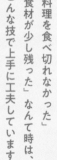

Part 5

お酒もごはんも
進む！

つまめる
副菜レシピ

頑張った日は、おうち飲みが
はかどる一皿で乾杯。
超簡単なので、メインが物足りない時の
『もう一品！』にも重宝。

#中華　#箸が止まらない　#食べ応え

よだれ鶏

材料（2人分）

鶏むね肉… 2枚(600g)

酒…大さじ2

長ねぎ…½本

A
- 砂糖…大さじ2
- しょうゆ…大さじ2
- 酢…大さじ2
- ごま油…大さじ2
- チューブ入りにんにく …少々
- チューブ入りしょうが…少々
- 七味唐辛子…少々

手順

① 鶏むね肉は皮を取り除き、フォークを刺して
穴をあける。耐熱容器に入れて酒をもみ込み、
ふんわりとラップをして電子レンジで6分加
熱し、裏返してさらに6分加熱する。そのま
ま放置して中まで火を通す。

② 長ねぎはみじん切りにし、Aと混ぜてタレを
作る。

③ 1を厚めに切って器に盛りつける（火が通っ
てない部分があれば、30秒ずつ電子レンジにか
けて火を通す）。2のタレをかける。

至福Point

後引くおいしさでたっぷり
食べたくなるこのよだれ鶏
のレシピは、やや多めの分
量になっています。もし余
ったら、翌日サラダに加え、
お好みのドレッシングで食
べて。

しっとり鶏むね肉と
薬味が効いた
タレがポイント！

おにいさん

おにいさん

しゃぶしゃぶをたっぷりのせたごちそうサラダ

簡単　# さっぱり　# 主役級

豚しゃぶサラダ

材料（2人分）

豚ロース肉（しゃぶしゃぶ用）
　…100g
かいわれ大根… 1 パック
ミニトマト…10個
レタス…½玉
ごまドレッシング…適量

手順

① 鍋にたっぷりの水を入れて沸かし、沸騰直前のお湯で豚ロース肉をさっとゆでる。冷水にとって冷やし、水気をしっかりきる。

② かいわれ大根は根を切り落とす。ミニトマトはヘタを取って半分に切る。

③ レタスをちぎって器に盛り、 1 と 2 を盛りつける。ごまドレッシングをかけて食べる。

至福Point

ごまドレッシングで食べるのもよいですが、しょうゆ系のドレッシングにチューブ入りしょうがと小口切りにした小ねぎ（各少々）を入れたタレにしても、すっきりおいしく食べられます。

サバ缶のユッケ風

材料（2人分）

サバ缶（水煮）…1缶(190g)
コチュジャン…大さじ½
ごま油…小さじ1
しょうゆ…大さじ½
チューブ入りにんにく…少々
白ごま…適量
卵黄…1個
小ねぎ…適宜

手順

① サバ缶の汁気を切ってボウルに入れ、身を崩す。コチュジャン、ごま油、しょうゆ、にんにく、白ごまを入れて混ぜる。

② 器に盛り、卵黄をのせる。好みで小口切りにした小ねぎと白ごまを散らす。

至福Point

暑い時期に食べるなら、レモンを搾ってさっぱりさせて。ちなみにこのサバ缶のユッケ風は、ごはんにのせて食べるのも最高。朝ごはんにするのもアリです。

おねえさん

ちょっとつまみたい時に。薄切りトーストにのせると絶品！

きゅうりとキムチの ごま油和え

#とりあえず　#超簡単　#居酒屋風

材料（2人分）
きゅうり…1本
キムチ…50g
ごま油…小さじ1
塩…少々

手順
① きゅうりは乱切りにする。

② きゅうりとキムチを器に盛り、ごま油と塩をかけて混ぜ合わせながら食べる。

至福Point
きゅうりとキムチのごま油和えを韓国海苔で巻いて食べるのにハマっています。パリパリの食感と海苔の風味で、よりお酒が進みます。

おねえさん
1分でできるおつまみ。
食感と辛さがやみつきに！

焼きたての肉汁とピーマンのハーモニーが最高

おにいさん

ピーマンの豚肉巻き

材料（2人分）

豚バラ肉（薄切り）…200g
ピーマン…6個
塩・こしょう…少々
サラダ油…小さじ1

手順

① 豚バラ肉を広げ、長さを半分に切る。ピーマンは種とヘタを除いて細切りにする。

② 豚バラ肉でピーマンを巻き、塩、こしょうをふる。

③ フライパンにサラダ油を熱し、2の巻き終わりを下にして入れ、焼き色がついたら裏返して焼く。

至福Point

ピーマンをオクラや湯通ししたせん切りにんじん（各適量）など、余りものの野菜に替えても。焼き上がりにしょうゆと砂糖（各適量）を入れて、甘辛味に仕上げるのもおすすめ。

SNSで話題をさらった
甘辛えのきをご自宅で

#バズフード #韓国風 #映え

赤いえのき

材料（2人分）

えのきたけ… 1 パック(100g)
酒…大さじ2
みりん…大さじ2
コチュジャン…大さじ1
ケチャップ…大さじ2
はちみつ…大さじ1
水…大さじ1½
片栗粉…小さじ2

手順

① えのきたけは石づきを取り除き、小房に分ける。

② 1を熱湯でさっとゆで、フライパンに移して火にかけて水気を飛ばす。

③ 水気がなくなったら酒、みりん、コチュジャン、ケチャップ、はちみつを入れて煮る。えのきたけが赤くなったら水で溶いた片栗粉を入れて火を通し、とろみをつける。

至福Point

えのきたけに、塩（適量）をふった豚バラ肉（薄切り 適量）を巻いてゆでると、肉巻き赤えのきが完成！ 甘辛い味で、ごはんが進むレシピに。

なすのピリ辛ユッケ風

材料（2人分）

なす…2本
サラダ油…大さじ1

A
豆板醤…小さじ1
砂糖…大さじ½
ごま油…大さじ½
しょうゆ…大さじ½
チューブ入りにんにく…小さじ1
チューブ入りしょうが…小さじ1
コチュジャン…大さじ½

卵黄…1個
白ごま…適量
海苔…適宜

手順

① なすを縦半分に切り、さらに縦に細切りにする。

② フライパンにサラダ油を熱し、1をしんなりするまで炒める。

③ ボウルにAを入れて混ぜ、2をからませる。器に盛りつけて卵黄をのせ、白ごまをふる。海苔で巻きながら食べてもよい。

至福Point

このユッケ、アツアツのごはんにのせてもおいしいんです！ ごはんにのせる時に、小口切りにした小ねぎ（各適量）をかけると、さらに風味と見栄えがよくなります。

おねえさん

とろっとしたなすと濃いめの味付けで、お酒が進む♪

#とろ〜りチーズ #和洋折衷 #ボリュームあり

ピザ風しらす厚あげ

材料（2人分）

しらす…大さじ4
厚あげ…1枚
長ねぎ（白い部分）…6㎝
ピザ用チーズ…50g
ごま油…適量
ブラックペッパー…適量

手順

① 厚あげは横から包丁を入れて厚みを半分にして、キッチンペーパーで油と水分をおさえる。長ねぎはみじん切りにする。

② アルミホイルの上に表面を上にした厚あげをおき、長ねぎ、しらす、ピザ用チーズの順にのせて600Wのオーブントースターで焼く。チーズが溶けたら取り出してごま油、ブラックペッパーをかける。

至福Point

さっぱりいただきたい時は、チーズなしレシピに。厚あげをオーブントースターでこんがりするまで焼き、しらす＆長ねぎのみじん切り＆大根おろし（各適量）をのせ、ポン酢をたらり。

#韓国風　#野菜たっぷり　#ローカロ

もやしと豆苗のナムル

材料（2人分）

もやし…1袋
豆苗…1袋
ごま油…小さじ2
チューブ入りにんにく
　　…小さじ1
中華スープのもと
　　…小さじ1
白ごま…適量
海苔（全形）…1枚

手順

① もやし、根を除いた豆苗を平らな耐熱容器に入れてふんわりとラップをかけ、電子レンジで5〜6分加熱する。加熱が足りない場合は再度1分ずつ加熱する。水気をしっかりと絞っておく（熱いので急ぐ時は水で冷やして絞るとよい）。

② ボウルにごま油、にんにく、中華スープのもと、白ごま、ちぎった海苔、1を入れてよく混ぜる。

至福Point

このレシピと同様に、ほうれん草や小松菜で作っても美味。電子レンジの加熱時間や味つけは量や食材で調節を。このナムルはP56〜57のパタパタキンパの具にも使える。

おねえさん

海苔とにんにく、ごま油の風味が後引くおいしさの秘訣

いわし缶を使って、しょうがみそ味の郷土料理をお手軽に

おにいさん

さんが焼き風

材料（2人分）

いわし缶（水煮）… 1 缶（190g）

長ねぎ…20cm

卵… 1 個

チューブ入りしょうが
　　…小さじ 1

片栗粉…大さじ 1

パン粉…大さじ 6

みそ…大さじ 1

サラダ油…大さじ 1

かぼす（なければレモン）
　　…適量

手順

① 長ねぎはみじん切りにする。ボウルに汁気をきったいわし缶、長ねぎ、卵、しょうが、片栗粉、パン粉、みそを入れ、いわしをほぐしながら粘り気が出るまでよく混ぜる。

② 1 を 5 〜 6 等分にして小判形にする。フライパンにサラダ油を熱し、両面に焼き色がつくまで焼く。器に盛りつけ、好みでかぼすを搾る。

至福Point

ひと手間加える時間があるなら、焼く前に大葉（5〜6枚）でひとつずつ包み、こんがり火を通して。大葉のいい香りがして、大人でおしゃれな味わいに。

鶏皮きゅうりポン酢

材料（2人分）

鶏皮… 2枚分(80g)
きゅうり… 1本
ポン酢…大さじ1½
ごま油…小さじ1
白ごま…適量

手順

① 沸騰した湯に鶏皮を入れ、3分ほど
ゆでたら細切りにする。きゅうりは
細切りにする。

② ポン酢、ごま油、1をボウルに入れ
てよく混ぜる。器に盛りつけ、仕上
げに白ごまをふる。

至福Point

鶏皮＆きゅうりを和える調味料を、からし（小さじ1）としょうゆ（大さじ2）に替えると、より居酒屋メニューっぽくなるんです。ツーンと辛くてクセになりますよ。

おにいさん
他の料理で余った鶏皮を使って作る、節約絶品サラダ

おねえさん

ベーコンを入れて
デリっぽく。
ほくほく感が
たまらない！

ポテトサラダ

材料（2人分）

玉ねぎ…¼個
きゅうり…½本
厚切りベーコン…40g
じゃがいも…4個
酢…小さじ1
マヨネーズ…100g
塩…適量
ブラックペッパー…適宜

手順

① 玉ねぎは薄切り、きゅうりは小口切りにする。厚切りベーコンは粗くきざむ。

② じゃがいもは皮をむいて3cm幅の輪切りにし、耐熱容器に入れてふんわりとラップをして電子レンジで7分加熱する。ざっくりと上下を返すようにして混ぜ、再びふんわりラップをかけてさらに6分加熱する。熱いうちにつぶし、酢を入れてよく混ぜ合わせる。

③ 2が熱いうちに1を加えて混ぜる。粗熱が取れたら、マヨネーズと塩を加えてよく混ぜ、好みでブラックペッパーをふる。

至福Point

食べ出すと止まらないこのポテトサラダ。分量より多めに作って残しておき、翌朝食パンにON。マヨネーズを絞ってサクッと焼けば、最高においしいポテトトーストが完成します。

禁断の味玉

材料（2人分）

卵… 8個

長ねぎ… 1本

A
```
しょうゆ…100㎖
水…100㎖
砂糖…大さじ2
ごま油…大さじ2
調味酢…大さじ2
白ごま…小さじ2
和風だしのもと…大さじ½
チューブ入りにんにく…適量
赤唐辛子（きざんだもの）… 1本
```

手順

① 長ねぎはみじん切りにする。卵は熱湯に入れて8分ゆでて、冷水の中で殻をむく。

② 保存容器に長ねぎを入れ、Aを入れてよく混ぜる。1の卵を漬け、フタをして冷蔵庫で3時間以上おく。

至福Point

そのまま食べるのはもちろん、ごはんにのせて味玉丼にしたり、ラーメンの具にするのもおすすめ。タレも美味なので、冷奴やサラダにかけてムダなく召し上がれ！

おねえさん

きゅうりともやしの
シャキシャキ感が
GOOD!

中華風　# 彩りよし　# さっぱり

きゅうりともやしの中華サラダ

材料（2人分）

きゅうり…1本
もやし…1袋
ハム…厚めのもの4枚
　（薄切りの場合は6枚）
ミニトマト…4個

A
| しょうゆ…大さじ2
| 酢…大さじ2
| 砂糖…大さじ2
| 中華スープのもと…小さじ2
| チューブ入りにんにく…少々
| ごま油…大さじ2
| 白ごま…大さじ1

手順

① きゅうりとハムは細切りにする。ミニトマトは半分に切る。

② もやしは耐熱容器に入れてふんわりとラップをかけ、電子レンジで4分加熱したら水気をしっかり絞る。

③ ボウルにAを入れてよく混ぜ合わせ、1と2をざっくりと混ぜる。

至福Point

豪華にしたい時は中華くらげと錦糸卵をプラス。中華くらげのコリコリした食感や錦糸卵の優しい甘さで贅沢なおつまみになります。

天才れんこん炒め

材料（2人分）

れんこん…100g
ミニトマト…10個
サラダ油…大さじ1
めんつゆ（3倍濃縮）
　　…大さじ1½
韓国海苔フレーク…大さじ3

手順

① れんこんは5mm幅の半月切り、ミニトマトは半分に切る。

② フライパンにサラダ油を熱してれんこんを炒め、火が通ったらめんつゆを入れる。

③ 2にミニトマトを加えてさっと炒める。韓国海苔フレークを入れて混ぜる。

至福Point

このままでもおいしいですが、辛党の人は炒める時にきざみ唐辛子（適量）を入れて炒めてみて。ピリピリ辛くて後引く炒め物に。

おにいさん

めんつゆで味付けするだけなのに、お店のような味に

#中華風 #ローカロ #手間なし

水菜とザーサイと
豆腐のサラダ

材料（2人分）

水菜…½束

味つきザーサイ…40g

木綿豆腐…1丁(300g)

A
┌ しょうゆ…大さじ1
├ 酢…大さじ1
├ 砂糖…小さじ1
└ ごま油…小さじ2

きざみ海苔・かつお節
…各適量

手順

① 水菜は4cm長さに切り、ザーサイは細切りにする。Aを混ぜてドレッシングを作る。

② 器にザーサイの半量と水菜を混ぜたものを盛り、豆腐をスプーンですくってのせる。きざみ海苔とかつお節、残りのザーサイを散らして、1のドレッシングをかける。

至福Point

より中華っぽくアレンジしたいなら、海苔とかつお節を、ワンタンチップ＆ラー油(適量)に変更！ パリパリ食感が楽しいピリ辛サラダに大変身します。

おにいさん

シャキシャキ水菜も◎ 味の決め手！ 味つきザーサイが

シャキシャキ長芋が◎。隠し味のニンニクがいい仕事してます

#ねばねば #居酒屋風 #ごはんにかけても

長芋とオクラとマグロの
わさびしょうゆ和え

材料（2人分）

長芋…100g
マグロ（刺身用）…200g
冷凍きざみオクラ…50g
しょうゆ…大さじ1
わさび…小さじ½
チューブ入りにんにく…少々

手順

① 長芋とマグロは1〜1.5cm角に切る。冷凍きざみオクラは解凍する。

② しょうゆ、わさび、にんにくを混ぜてタレを作り、1を入れて和える。

至福Point

長芋&冷凍きざみオクラを、アボカドとトマト（適量）に変更すると、ちょっぴり洋風でこっくりした味に。クラッカーにのせてオリーブオイルをたらせば、おしゃれな前菜になるんです。

#デリ風 #フルーツサラダ #シャキシャキ

玉ねぎと
りんごのサラダ

材料（2人分）
玉ねぎ…½個
りんご…½個
フリルレタス…100g
しょうゆ…大さじ1
ごま油…大さじ1
調味酢…大さじ1
砂糖…少々

手順
① フリルレタスは食べやすい大きさにちぎり、りんごは薄めのいちょう切り、玉ねぎは薄切りにする。

② ボウルにしょうゆ、ごま油、調味酢、砂糖を入れ、玉ねぎを加えてよく混ぜる。玉ねぎがしんなりとしたら、りんごとフリルレタスを入れて混ぜる。

至福Point
ドレッシングの味を変えたいなら、作る時にごま油をマヨネーズ（適量）に変更！こっくりした洋風な味わいになります。

甘酸っぱいりんごが、玉ねぎの辛みをマイルドに

おねえさん

#シンプル #ローカロ #お財布に優しい

なすとエリンギの
さっぱりポン酢炒め

材料（2人分）

なす…2本
エリンギ…1本
サラダ油…大さじ1
ポン酢…大さじ2

手順

① なすは6等分のくし形切りにし、エリンギは縦に切り込みを入れてさく。

② フライパンにサラダ油を熱し、なすとエリンギを炒め火を通す。ポン酢を入れて水分がなくなるまで炒める。

至福Point

かつお節、小口切りにした小ねぎやみょうが、チューブ入りしょうが、大根おろしをたっぷりかけて食べるのもおいしい。ポン酢に合う薬味なら基本何でもOK。お好みを探して。

おにいさん
▼
材料は4つだけ！
味付けの失敗もなし

おねえさん

塩昆布＆ごま油で
和えただけとは思えない
手間なしサラダ

#手軽　#塩昆布レシピ　#もう一品

トマトの塩昆布和え

材料（2人分）

トマト…2個
塩昆布…15g
ごま油…小さじ1
白ごま…小さじ2

手順

① トマトはくし形切りにする。

② ボウルにトマト、塩昆布、ごま油、白ごまを入れてよく混ぜる。

至福Point

我が家では、塩昆布は調味料代わり。いろんなものに入れて食べています。定番は納豆に混ぜる食べ方。白菜などの野菜と混ぜて、浅漬けっぽくしていただくのもおすすめ。

#イタリアン　#おしゃれ　#スキレットレシピ

しめじのアヒージョ

材料（2人分）
しめじ…½パック（100g）
ブロッコリー…100g
厚切りベーコン…80g
にんにく…4片
オリーブオイル…大さじ5
赤唐辛子…1本
塩…適量
ブラックペッパー…適量

手順

① しめじは石づきを取り除く。ブロッコリーは小房に分ける。厚切りベーコンは1cm幅の細切りにする。にんにくは薄切りにする。

② スキレットにオリーブオイル、にんにくとちぎった赤唐辛子を入れて火にかける。香りがしてきたらしめじ、ブロッコリー、厚切りベーコンを入れる。

③ 仕上げに塩、ブラックペッパーをふる。

至福Point

しめじのアヒージョを食べて残ったオイルは捨てないで！　パスタ（適量）をゆでて混ぜれば、しめじのうまみも楽しめるペペロンチーノになりますよ。

おにいさん

オリーブオイルで、
しめじのうまみが
引き出される！

\# レンチン調理　　\# 塩昆布LOVE　　\# 隠し味

ささみとピーマンの塩昆布和え

材料（2人分）

鶏ささみ肉… 2本
酒…大さじ1
ピーマン… 4個
塩昆布…10g
ごま油…大さじ1
マヨネーズ…小さじ2

手順

① 鶏ささみ肉は筋を取り除き、耐熱容器に入れ酒をかけてふんわりとラップをして電子レンジで2分加熱する。そのままおいて中まで火を通したら食べやすい大きさにさく（火が通っていなければ再度30秒ずつ加熱する）。

② ピーマンは細切りにして耐熱容器に入れ、ふんわりとラップをして電子レンジで1分30秒加熱する。

② ボウルに 1 と 2、塩昆布を入れてざっと混ぜ、ごま油とマヨネーズを加えて和える。

至福Point

電子レンジを使わず、ごま油を軽くひいたフライパンで火を通しても。酒をふって食べやすい大きさに切った鶏ささみ肉とピーマンを炒め、そこに塩昆布とマヨネーズを入れて火を通せば、炒めものに。

おねえさん

マヨネーズが隠し味。
お手軽なのに驚くおいしさ！

おにいさん

豚ひき肉のおいしさを吸ったしいたけが絶品なんです

#ジューシー　#ひき肉レシピ　#冷めてもおいしい

しいたけの肉詰め

材料（2人分）

しいたけ…6本
豚ひき肉…100g
塩・こしょう…各少々
酒…小さじ1
しょうゆ…小さじ1
片栗粉…適量
サラダ油…小さじ2

手順

① しいたけは軸を切り、軸は粗くきざむ。

② 豚ひき肉としいたけの軸、塩、こしょう、酒、しょうゆをよく混ぜる。

③ しいたけのかさの内側に片栗粉をふって、2 を詰める。

④ フライパンにサラダ油を熱し、3 の肉の面を下にして焼く。焼き目がついたら裏返して、水大さじ2（分量外）を加え、フタをして5分ほど蒸し焼きにする。

至福Point

こちらのしいたけの肉詰めは、シンプルな味つけ。食べる時に七味唐辛子や柚子胡椒、からしなど好みの調味料を足して味変してみて。

いい香りが
口いっぱいに！
柚子胡椒の辛さも
クセになる

なすとしめじの柚子胡椒炒め

材料（2人分）

なす… 3本
しめじ… 1パック（200g）
長ねぎ… 1本
サラダ油… 大さじ1

A ┌ しょうゆ… 大さじ1
　│ 酒… 大さじ1
　│ みりん… 小さじ2
　│ 柚子胡椒… 大さじ½
　└ ポン酢… 大さじ1

手順

① なすは乱切りにする。長ねぎは1cm幅の斜め切りにする。しめじは石づきを取り除いてほぐす。

② フライパンにサラダ油を熱し、なすを皮目から入れて炒める。色が変わってきたら長ねぎとしめじを加えて全体がしんなりするまで火を通す。

③ Aを加えて炒め、味をしっかりなじませる。

至福Point

しめじは、エリンギやまいたけでも代用可能。きのこを替えて食感や香りの違いを楽しんで。こっくり味が好きなら、バター（適量）を加えてみて。

晩酌タイム
にも
幸せルールが
ある!

飲むたび仲が深まる!
おうち飲みの極意

仕事を頑張った夜やリラックスしたい休日は、料理をつまみながらお酒を飲むのが私たちの定番。その時間をよりよくする、5つのルールを教えます。

極意 1 献立を考える時に、お酒に合うか意識すべし

おにいさん▶腹ペコで飲む1杯目のお酒が最高! それに合わせた献立を事前に考えておくと、より楽しみに。仕事がある日も「飲むために頑張ろう!」と思えます。おねえさん▶私たちの1杯目は必ずビール。なのでこの本のレシピはビールに合うもの多めです。

極意 2 平日はほどほどに。2杯目に飲むお酒も決めておく

おねえさん▶たくさん飲みたくても、翌日のことを考えて平日は2杯でとどめるようルール化。1杯目と違う味にして、だらだら飲みを防止しています。おにいさん▶メイン料理はビールに合わせ、副菜は2杯目に合いそうな味付けにしてハーモニーを楽しむのが◎。

極意 3 がっつり飲みたい日は、飲みながら作る簡単つまみを

おにいさん▶休日など余裕がある日は、おつまみをたくさん作ってゆっくりと。ただ一気に作ると大変なので、飲みながらでも作れる簡単なおつまみの材料を用意しておきます。おねえさん▶飲みながら料理するのは、意外と楽しいのでおすすめ。台所トークもはずんでふたりの心が近づくんです。

極意 4 飲んでいる間はトークに集中。スマホは触らない

おねえさん▶食事の時と同様、飲んでいる時もテレビはつけない主義。そのほうがゆったり語り合え、本音も話しやすい! おにいさん▶大事な連絡が来た時は別ですが、スマホも触らないようにしています。これは相手に対する最低限のマナー。これが意外に大切!

極意 5 片付けができる程度の"ほろ酔い"にとどめる

おにいさん▶サボると翌日後悔するし、台所が汚れていると自炊のモチベーションも下がってしまいます。なので、飲んだ後の皿洗い&台所掃除はマスト! おねえさん▶"料理を食べ終えたら切り上げて片付け開始"と決めています。だらだら飲みがなくなり二日酔いも減りました!

おわりに

Outroduction

おにいさん

最後まで読んでくださり、ありがとうございました！この本の中に、お気に入りのレシピは見つかったでしょうか？もしよかったら、僕らの1冊目の本『ふたりを平和にしてくれる最強の共働きごはん』（KADOKAWA）も読んでみてくださいね。あちらにも楽うまレシピがたくさん載っていますので。そしてYouTubeチャンネル『てりやきチャンネル』も見てくださるとうれしいです！

おねえさん

実は1冊目の本を出した時、作業が思ったよりも10倍くらい大変で（汗）。2冊目を作るのはだいぶ勇気がいりました。それを乗り越えられたのは、『てりやきチャンネル』を見てくださる方がいるから！ この場を借りて、感謝の気持ちを伝えさせてください。視聴者の皆さんに、いつもパワーをもらっています。ありがとうございます！ これからもどうか末永く、私たち夫婦をよろしくお願いします。

Staff

撮影… 宗野 歩

フードスタイリング…田村つぼみ

デザイン…細山田光宣・木寺 梓（細山田デザイン事務所）

編集協力…田口香代（レシピ）、渡邉卓馬（撮影＆校正）

調理協力…丸野友香、矢澤美由紀

DTP…Office SASAI、横村 葵

校正…麦秋アートセンター

編集…衛藤理絵

てりやきチャンネル

夫の"おにいさん"と妻の"おねえさん"が協力して料理を作り、食べる様子を発信する2人組YouTuber。おいしそうなレシピと、時たま垣間見える生活の様子やふたりの仲睦まじさがファンの心を摑んでいる。2020年10月に開設したYouTubeチャンネルは、登録者数70万人超え(2023年8月現在)。2023年7月に結婚し、視聴者からは「こんな夫婦になりたい」「見ていると癒される」との声多数。前著『ふたりを平和にしてくれる最強の共働きごはん』(KADOKAWA)がロングセラーに。

気力ゼロでも満たされる至福の限界ふたりごはん

2023年9月4日　初版発行

著者　　　てりやきチャンネル
発行者　　山下 直久
発行　　　株式会社KADOKAWA
　　　　　〒102-8177
　　　　　東京都千代田区富士見2-13-3
　　　　　電話 0570-002-301(ナビダイヤル)
印刷所　　凸版印刷株式会社
製本所　　凸版印刷株式会社

●お問い合わせ
https://www.kadokawa.co.jp/(「お問い合わせ」へお進みください)
※内容によっては、お答えできない場合があります。
※サポートは日本国内のみとさせていただきます。
※Japanese text only

定価はカバーに表示してあります。